Paulus Vennebusch

STUDIEREN für Einsteiger

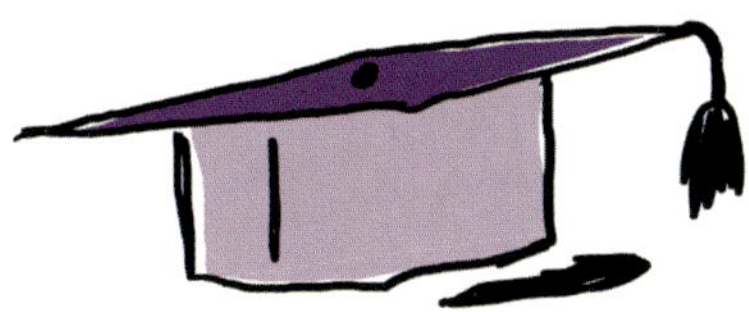

arsEdition

Nach dem Abitur beginnt der Ernst des Lebens mit Fragen wie: Wo bekomme ich nachmittags noch ein Frühstück?

WILLKOMMEN IM ersten Semester

Herzlichen Glückwunsch! Du hast dich entschlossen zu studieren. Damit bist du nicht allein. In Deutschland sind knapp 3 Millionen Menschen an einer Hochschule eingeschrieben. Trotz der großen Zahl ist kein Student wie der andere: An den Unis tummeln sich angehende Geisteswissenschaftler, Ingenieure, Mediziner, Psychologen, Juristen oder Wirtschaftswissenschaftler und in den Hörsälen schlafen junge, alte, männliche, weibliche, deutsche und ausländische Studenten über ihren Mitschriften ein. Aber eins verbindet alle Studenten: Sie duzen sich. Einzige Ausnahme: der Soziologiestudent im 28. Semester, der dich im Taxi zur Uni fährt.

Reif für die ~~Insel~~ Uni?

Das Durchschnittsalter für Studienanfänger in Deutschland beträgt 21,6 Jahre. Ob du den Durchschnitt hebst oder senkst, spielt keine Rolle: Jeder muss individuell für sich entscheiden, wann es an der Zeit ist, den Schulranzen gegen die College-Mappe auszutauschen. Und du kannst sicher sein: Irgendwo auf dem Campus lümmeln garantiert Kommilitonen herum, die jünger oder älter sind als du.

DER JÜNGSTE STUDENT DEUTSCHLANDS ist Conrad Lempert. Er wurde mit fünf Jahren eingeschult, übersprang drei Klassen, machte mit vierzehn Abitur (Durchschnitt 1,2)

STREBER

und studiert seitdem Informatik. Welchen akademischen Grad er letztendlich erhalten wird, steht noch nicht fest, aber jetzt schon ist sicher, wie ihn alle anreden werden: „STREBER“!

ES GEHT ALLERDINGS NOCH JÜNGER: Ein Student aus Hongkong war bei Beginn seines Studiums im Jahr 2007 gerade einmal 9 Jahre alt. Seine Doktorarbeit hat er vermutlich mit Buntstiften geschrieben.

DER ÄLTESTE UNI-ABSOLVENT aller Zeiten ist der Australier Allan Stewart, der 2012 im Alter von 97 Jahren seinen Master in „Klinische Studien“ machte. Das Erstaunlichste daran: dass er nach 150 Semestern Mensa-Essen überhaupt so alt geworden ist!

Einfach mein Fach?
GAR NICHT SO EINFACH!

VOR DER IMMATRIKULATION MUSS SICH JEDER STUDENT DREI WICHTIGE FRAGEN BEANTWORTEN:

ERSTENS:

Möchte ich wirklich studieren oder doch lieber etwas Anständiges machen – wie Fußballstar, Influencer oder Topmodel?

ZWEITENS:

Wo habe ich noch mal mein Abi-Zeugnis abgeheftet?

DRITTENS:

WAS soll ich studieren?

GERADE DIE DRITTE FRAGE IST GAR NICHT SO EINFACH ZU BEANTWORTEN:

Denn mittlerweile stehen allein in Deutschland über 19000 Studiengänge zur Auswahl. Das Angebot hat sich in den letzten Jahren vervielfacht.

So etwas beobachtet man sonst nur in Eisdielen: Während man im Jahr 1980 nur zwischen Vanille, Schoko und Erdbeer wählen konnte, gibt es mittlerweile Hunderte Geschmacksvarianten wie Schwarzbrot, Wasabi-Gurke oder Sperrholz-Maracuja.

STUDIER, WAS DIR SPASS MACHT

Im Idealfall entscheidest du dich für ein Studienfach, das dir wirklich Spaß macht. Keine Sorge: Auch wenn deine eigentlichen Interessen wie

AUSSCHLAFEN **ABHÄNGEN** **KNUTSCHEN**

DADDELN **ODER** **PARTY MACHEN**

offiziell von keiner Hochschule der Welt angeboten werden, wirst du dich an der Uni auch in diesen Fachrichtungen hervorragend weiterbilden – egal, was du studierst.

JEDENFALLS SOLLTE DEIN STUDIUM ZU DIR UND DEINEN NEIGUNGEN PASSEN.

Das bedeutet nicht, dass du als Kleptomane unbedingt Jura studieren solltest oder mit chronischer Bronchitis zwingend Medizin belegen musst. Aber wer immer schon gern und viel gelesen hat, wird in den Geisteswissenschaften gut aufgehoben sein, und die tiermedizinische Fakultät wird sich über dich freuen, wenn du schon mit fünf wissen wolltest, wie dein Meerschweinchen von innen aussieht (Gott hab es selig).

Und wenn du gar keine Interessen hast und immer nur Party machst, ist das auch nicht schlimm: Dann studierst du halt Event-Management (das wird tatsächlich an über 60 deutschen Hochschulen angeboten).

Ungewöhnliche Studiengänge (die es wirklich gibt)

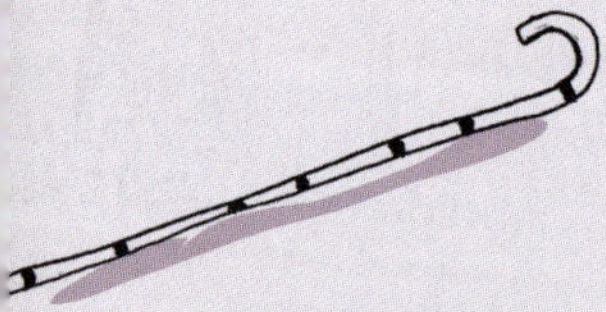

PROMENADOLOGIE

Die „Wissenschaft des Spazierengehens" wird im Rahmen des Architekturstudiums unter anderem an der Uni Kassel angeboten. Da auch in diesem Fach Prüfungen anstehen können, wird das Examen allerdings alles andere als ein Spaziergang.

TIBETOLOGIE

Dieser Studiengang lädt dazu ein, sich mit der Kultur, Sprache und Literatur Tibets vertraut zu machen. Als Einführung empfehlen Experten den Film „Sieben Jahre Tibet" – oder wie es in Uni-Kreisen heißt: „14 Semester Tibet".

ANGEWANDTE FREIZEITWISSENSCHAFTEN

Wirklich wahr: Freizeit kann man studieren. Das bedeutet allerdings nicht, dass du für jeden Kneipen-Besuch einen Schein bekommst. Gelehrt wird vielmehr das Freizeitverhalten. Der einzige Nachteil: Wenn die anderen Semesterferien haben, musst du natürlich büffeln.

Ungewöhnliche Studiengänge (die es geben sollte)

YOUTUBEOLOGIE

Youtube-Star ist einer DER Traumberufe junger Menschen. Nirgendwo sonst wird man so schnell reich und berühmt. Warum also kein Studium zu dem Thema? Darum: Als Youtuber gehörst du mit 16 schon zu den alten Säcken – und bis dahin schafft kein noch so Hochbegabter seinen Abschluss.

INSTAGRAMISMUS

Das wär's: ein Lehrstuhl für die perfekte Instagram-Laufbahn. Duckface-Seminare bei Prof. Dr. Dr. Gina-Lisa Lohfink,

Abschlussarbeiten zum Thema: „Wer darf beim Badezimmer-Selfie mit aufs Bild? (Waschbrettbauch: ja! Hämorrhoiden-Creme-Tube: nein!) Gut, das sind alles nur Details, aber die machen den Unterschied.

HIPSTER-HAIR-DESIGNER (DIPL.)

Friseur war bislang ein Lehrberuf. Aber wer es schafft, dass junge Männer freiwillig Mini-Dutt tragen, der muss ein Genie sein! Während vor 20 Jahren ein Vollbart noch Ausschlusskriterium bei Kontaktanzeigen war, lieben die Frauen von heute das Gefühl, sich vorm Zungenkuss erst mal durch einen Pelzvorhang zu kämpfen. In diesem Studiengang werden die Trends von morgen gelehrt: Achselhaarzöpfe, Brusthaarverlängerung, Geheimratsecken zum Aufkleben … Und alle Studenten, die gut abschneiden, schneiden gut ab.

Berühmte Doktoren
UND WAS SIE LEHREN

DR. SOMMER: lehrt Meteorologie an den Universitäten Regensburg und Sömmerda **DR. OETKER:** Experte für Torten-Diagramme an der University of Bakersfield **DR. FEELGOOD:** gibt Kuschelkurse im Streichelzoo Köln-Lindenthal **DR. HOUSE:** Lehrstuhlinhaber für Architektur (Spezialität: Häuser ohne Eingang) **DR. SELTSAM:** unterrichtet Stab-Weitsprung, Katholisch kochen und andere merkwürdige Dinge **DR. DOOLITTLE:** leitet das Seminar für Arbeitsverweigerung (Abschluss nach einem Semester möglich!) **DR. NO:** Nihilist an der Universität Bielefeld **DOC BROWN:** Geschichtsprofessur in Pittsburgh (1972–1994), Kairo (1714–1809) und Ruhrtopia (2118–2144)

Bildung kommt von Bildschirm. Wenn es von Buch käme, hieße es Buchung.

Dieter Hildebrandt (1927–2013), deutscher Kabarettist

DO YOU SPEAK Uni?

Auch wenn du dich nicht für ein Fremdsprachen-Studium entschieden hast, musst du als Student trotzdem eine neue Sprache lernen. Denn auf der Universität werden dir Begriffe begegnen, die für die meisten Menschen noch schwerer zu verstehen sind als Udo Lindenberg, wenn er mit vollem Mund singt.

HIER EIN CRASHKURS IN UNI-DEUTSCH:

Crashkurs Uni-Deutsch

AStA

„AStA“ ist kein Kleinwagen-Modell von Opel, sondern die Abkürzung für „Allgemeiner Studierendenausschuss“. Der Ausschuss kümmert sich um Dinge, die für jeden Studierenden von höchster Wichtigkeit sind. Also um Partys, Partys und Partys. Aber auch Partys. Und: Er kümmert sich um die Ausgabe des Semester-Tickets. Und mit dem ist man eh schneller unterwegs als mit einem Opel.

EXMATRIKULATION

Beim Scrabble ist es wie ein Sechser im Lotto – im wirklichen Leben ist Exmatrikulation oft leider nicht so schön. Denn es bedeutet, dass dein Studentenleben vorbei ist. Im Idealfall gehst du erhobenen Hauptes mit einem Examen in der Tasche vom Campus, im schlechteren Fall schleichst du dich raus mit einem Mahnungsbescheid, weil du deine Studiengebühren nicht bezahlt hast.

BACHELOR

Das ist nicht ein Typ im Smoking, der im Fernsehen Rosen an schöne Frauen verteilt, sondern ein Universitätsabschluss. Früher gab es ein „Diplom", wenn man sein Studium erfolgreich beendet hatte. Aber „Der Diplomierte" klang RTL für eine Kuppel-Show nicht sexy genug. Mit einem Bachelor in der Tasche kannst du Karriere machen. Und wenn es nicht klappt, kannst du immer noch Rosen verteilen – zwar nicht im

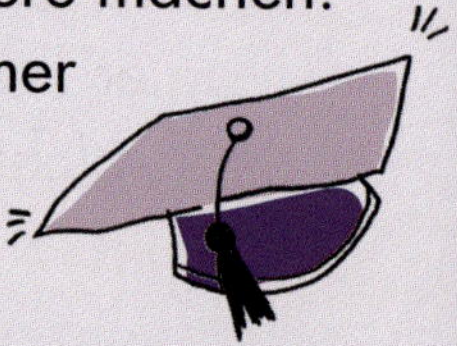

Fernsehen, aber immerhin im Restaurant um die Ecke („Wolle Rose kaufe?").

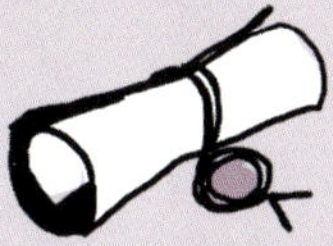

HABILITATION

tituliert ein Opus magnum und ein Kolloquium, das vom Adlatus summa cum laude zu einer Professur führt. Oder einfacher gesagt: Viel schreib, viel schlau.

SCHEIN

Der Schein ist ein Leistungsnachweis an der Universität. Es gilt die Faustregel: Je mehr Scheine du während des Studiums machst, desto mehr Scheinchen kannst du später im Beruf machen. Manchmal greift diese Regel allerdings nicht, dann hilft nur noch ein Schein: der Taxischein.

Man gibt seine Kinder
auf die Schule,
dass sie still werden,
auf die Hochschule,
dass sie laut werden.

Jean Paul (1763–1825), deutscher Dichter, Publizist und Pädagoge

Nice place to be

Neben dem **„WAS WILL ICH STUDIEREN?"** stellt sich schon bald die Frage nach dem **„WO?"**. Allein in Deutschland gibt es über 430 Hochschulen, davon über 100 Universitäten. Da fällt die Wahl nicht leicht. Die ideale Universität sieht so aus: weit genug von zu Hause entfernt, damit Papa dich nicht mit seinem peinlichen Geländewagen von der Semesterparty abholt – aber nah genug, dass Mama weiterhin deine Klamotten waschen kann. Groß genug, damit der Professor nicht gleich merkt, wenn du eine Vorlesung schwänzt – aber klein genug, damit du in der Cafeteria nicht vier Semester für einen Kaffee anstehen musst. **UND WO GIBT ES DIESE HOCHSCHULE?**

Richtig: **NIRGENDWO.** Also musst du nach Alternativen suchen. Wie wäre es mit einer altehrwürdigen, traditionsreichen Hochschule? Die älteste Uni Deutschlands ist die in Heidelberg. Sie wurde 1386 eröffnet. Eine Besonderheit dieser Universität ist der Studentenkarzer. Früher wurden dort lärmende Studenten eingesperrt. Schade, dass das heute nicht mehr gemacht wird. Denn billiger kommt man nicht an ein Einzelzimmer in Uni-Nähe.

EINE ALTERNATIVE IST AUCH EIN STUDIUM IM AUSLAND. DORT FINDEST DU DIE ÄLTESTE, DIE KLEINSTE UND DIE GRÖSSTE UNIVERSITÄT DER WELT:

DIE ÄLTESTE UNI DER WELT …

… steht in Parma. Seit 962 wird hier gelehrt, was das Zeug hält. Entsprechend alt sind die Bibliotheksbestände.

In den Regalen findet sich mancher alter Schinken … oder sollte man hier von „Parmaschinken" sprechen?

DIE KLEINSTE UNIVERSITÄT DER WELT …

… befindet sich in Alaska. Am Alaska Bible College studieren nicht einmal 50 Studenten. **DER VORTEIL:** Für die Semesterparty braucht's nur eine Kiste Bier. **DER NACHTEIL:** Ein Wintersemester dauert hier zwölf Monate.

DIE GRÖSSTE UNI DER WELT …

… ist die Indira Gandhi National Open University in Indien. Dort schwitzen über zwei Millionen Studenten über ihren Büchern. Das geht echt auf keine Kuhhaut – und in Indien schon mal gar nicht!

HAHA-BILITATION–

Studentenwitze Vol. 1

Was war Jesus von Beruf? Student! Er wohnte mit 30 Jahren noch bei den Eltern, hatte lange Haare, und wenn er etwas tat, dann war es ein Wunder!

TREFFEN SICH ZWEI STUDENTEN. „WIE SPÄT IST ES?" – „DIENSTAG." – „KEINE DETAILS. SOMMER- ODER WINTERSEMESTER?"

WAS SAGT DER GEISTESWISSENSCHAFTLER OHNE JOB ZU DEM GEISTESWISSENSCHAFTLER MIT JOB? „EINMAL POMMES, BITTE!"

Der Mathe-Professor prüft einen Studenten im
Großen Hörsaal. Zweihundert Studenten sehen zu.
Er fragt: „Wie viel ist 2 plus 2?"
Der Student antwortet: „5!"
Alle zweihundert Studenten rufen wie aus einem Mund:
„Gib ihm eine Chance! Gib ihm eine Chance!"
Der Professor seufzt:
„Also gut, noch mal: Wie viel ist 2 plus 2?"
Der Student probiert es: „3?"
Die Studenten rufen wieder: „Gib ihm eine Chance!
Gib ihm eine Chance!"
Der Professor verzweifelt: „Na gut, eine Chance
bekommen Sie noch. Wie viel ist 2 plus 2?"
Der Student versucht es noch einmal: „4?"
Die Studenten: „Gib ihm eine Chance!
Gib ihm eine Chance!"

Ich habe keine
besondere Begabung,
sondern bin
nur leidenschaftlich
neugierig.

Albert Einstein (1879–1955), deutscher Physiker

MY HOME IS *my castle*

Du hast immer geglaubt, die größte Herausforderung deines Studentenlebens sei das Lernen. Jetzt weißt du es besser: Denn jede Klausur, jedes Referat und jede Abschlussarbeit ist ein Klacks gegen die Suche nach einer bezahlbaren Unterkunft. Egal, wo du studierst: Es ist leichter, das Bernsteinzimmer zu finden als eine geeignete Studentenbude. Darum wohnen auch 16,6 % aller Studierenden noch bei den Eltern. Fast jeder Dritte haust in einer Wohngemeinschaft und immerhin 11,5 % leben in einem Studentenwohnheim (wer braucht schon mehr als 6 Quadratmeter? Man gewöhnt sich an alles – auch daran, im Stehen zu schlafen).

Unabhängig vom Angebot auf dem Wohnungsmarkt solltest du dir zuerst darüber klar werden,

WELCHE WOHNFORM ZU DIR PASST.

Denn das entscheidet darüber, in welchem Heuhaufen du die Nadel suchen musst.

Was für ein Wohntyp bist du?

FRAGE 1: WIE SIEHT DEIN TYPISCHES ABENDESSEN AUS?

A Ich setze mich an den Tisch. Dort dampft bereits mein Lieblingsessen auf dem Teller.

B Ich setze Nudelwasser auf und gucke dann drei Folgen „Game of Thrones". Danach ist der Topf hin, und ich bestelle mir eine Pizza.

C Montag bis Freitag: Ravioli. Samstag: Fischstäbchen. Sonntag: Ravioli.

FRAGE 2: DIE KÜCHE SIEHT AUS WIE EIN SCHLACHTFELD. WAS TUST DU?

A Ich gehe zum Kühlschrank, nehme mir ein Bier heraus und setze mich vor den Fernseher. Danach sieht die Küche aus wie neu.

B Ich werfe die Pizzakartons ins Altpapier.

C An sechs Tagen in der Woche ist es die Aufgabe meiner Mitbewohner, die Küche sauber zu halten. Am siebten Tag bin ich dran und mache das, was die anderen auch machen: nämlich gar nichts.

FRAGE 3: ALLE DEINE KLAMOTTEN LIEGEN DRECKIG IM WÄSCHEKORB. DU HAST NICHTS MEHR ZUM ANZIEHEN. WIE GEHST DU VOR?

A Ich verstehe die Frage gar nicht – was bitte ist „dreckige Wäsche"? Und was ist ein „Wäschekorb"?

B Ich schaue, was ich noch im Schrank habe, und gehe schließlich in Badehose zur Vorlesung.

C Ich tausche meine dreckige Unterhose gegen eine saubere von meinem Mitbewohner.

TYP A – HOTEL MAMA

Die Variante „Hotel Mama“ lässt sich in drei Worten zusammenfassen: preiswert, praktisch, uncool. Der Vorteil: Du musst keinen Finger rühren und hast immer jemanden, der dir die Schuppen vom Kragen wedelt, bevor du das Haus verlässt. Der Nachteil: Den Menschen, mit dem du am Frühstückstisch sitzt, hast du nicht auf der letzten Party kennengelernt, sondern bei deiner Geburt.

TYP B – DIE EIGENE WOHNUNG

Toll, wie selbstständig du bist! Du kommst wunderbar alleine zurecht und musst auf niemanden Rücksicht nehmen. Allerdings wirst du schon bald feststellen, dass es manchmal auch ein Nachteil ist, allein zu leben. Denn für viele Dinge braucht man eine zweite Person (Tischtennis, Tauziehen, Sex).

TYP C – WOHNGEMEINSCHAFT

WGs sind völlig zu Recht beliebt bei Studenten. Klar, denn nur so kannst du dir als Student eine 140-Quadratmeter-Altbauwohnung im hippsten Viertel der Stadt leisten. Je nach dem Sauberkeitsbedürfnis der Mitbewohner musst du allerdings damit rechnen, dass es hin und wieder zugeht wie im Dschungelcamp – nur mit mehr Kakerlaken.

Dein Studentenalltag (was die Eltern denken)

MONTAG morgens Vorlesungen, tagsüber Seminare, abends lernen
DIENSTAG morgens Vorlesungen, tagsüber Bibliothek, abends kellnern
MITTWOCH morgens Hausarbeit schreiben, tagsüber Hausputz, abends lernen
DONNERSTAG morgens für die Klausur üben, tagsüber Klausur schreiben, abends für die nächste Klausur üben
FREITAG morgens nächste Klausur schreiben, tagsüber lernen, abends Eltern anrufen und erzählen, alles läuft prima
SAMSTAG nach Hause fahren, die Eltern besuchen
SONNTAG morgens Frühstück mit den Eltern, abends lernen

Der Nachteil der Intelligenz besteht darin, dass man ununterbrochen gezwungen ist dazuzulernen.

George Bernard Shaw (1856–1950), irischer Dramatiker

Dein Studentenalltag (wie es wirklich aussieht)

ZUERST EINMAL: ES GIBT KEIN MORGENS! IHR SEID STUDENTEN.

MONTAG morgens schlafen, tagsüber chillen, abends Pizza

DIENSTAG morgens schlafen, tagsüber tindern, abends Biergarten

MITTWOCH morgens schlafen, tagsüber Hausarbeit aus dem Netz kopieren, abends Kneipe

DONNERSTAG morgens Playstation, tagsüber Café, abends schlafen

FREITAG morgens schlafen, tagsüber schlafen (im Hörsaal), abends Eltern anrufen und erzählen, alles läuft prima

SAMSTAG morgens schlafen, abends Paaaaaaaaaartyyyyy

SONNTAG gar nicht schlafen, immer noch Paaaaaaaaaartyyyyy

A little party never killed nobody!

Fergie (*1975), US-amerikanische Sängerin und Schauspielerin

HAHA-BILITATION–
Studentenwitze Vol. 2

Brief eines Studenten an seine Eltern: „Liebe Eltern, ich habe schon lange nichts mehr von Euch gehört. Schickt mir doch einen Scheck über 500 Euro, damit ich weiß, dass es Euch gut geht.“

EIN ZOOLOGIE-STUDENT STEHT MITTEN IM EXAMEN. DER PROFESSOR DEUTET AUF EINEN HALB BEDECKTEN KÄFIG, IN DEM NUR DIE BEINE EINES VOGELS ZU SEHEN SIND. „WELCHER VOGEL IST DAS?“ „WEISS ICH NICHT.“ „IHREN NAMEN BITTE!“ DA ZIEHT DER STUDENT SEINE HOSENBEINE HOCH: „RATEN SIE MAL!“

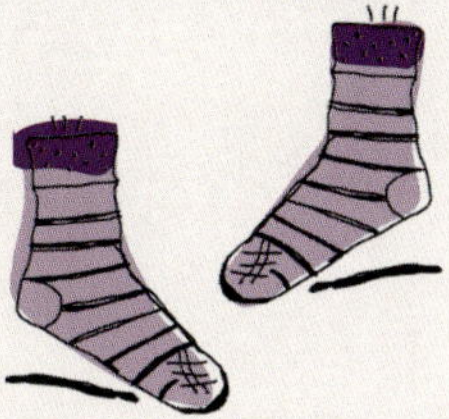

IN EINER STUDENTEN-WG:
„KANNST DU MIR EIN PAAR SOCKEN LEIHEN?"
„KEIN PROBLEM, NIMM DIR WELCHE!"
„WO SIND SIE DENN?"
„SIE STEHEN UNTER DEM BETT!"

Im Zoo ist der letzte Gorilla gestorben.
Ein Sportstudent übernimmt gegen gute Bezahlung die Rolle. Er brüllt, klettert, hängt sich an ein Seil,
schwingt und schwingt – rutscht ab und landet im Löwenkäfig.
„Hilfe, Hilfe!", schreit der Student. Da flüstert ihm ein Löwe zu:
„Sei bloß ruhig, sonst sind wir beide unseren Job los!"

Schön, schlau und BERÜHMT

Dein Hochschulstudium kann dir beruflich viele Türen öffnen. Aber manchmal kommt es auch komplett anders, als man denkt. Viele Akademiker machen Karriere, nicht weil, sondern OBWOHL sie studiert haben.

BERÜHMTE AKADEMIKER

DIE BOX-WELTMEISTER VITALI UND WLADIMIR KLITSCHKO haben beide an der Universität Kiew promoviert. Ihre mündliche Prüfung absolvierten sie in Rekordzeit – vermutlich durch K. o. bei der zweiten Frage.

STIL-IKONE JORGE GONZÁLEZ hat ein Diplom in Nuklearökologie. Dafür beschäftigte er sich mit dem Zerfall von radioaktiven Atomen. Nicht erwiesen ist, ob ein unmittelbarer Zusammenhang zwischen dem jahrelangen Umgang mit radioaktivem Material und Jorges Vorliebe für High Heels besteht.

DER BELIEBTE TV-MODERATOR DR. ECKART VON HIRSCHHAUSEN ist promovierter Mediziner. Auf die sonst bei Ärzten übliche Frage „Privat oder Kasse?" lautet seine Antwort „GEZ".

BEVOR SICH KINOSTAR BUD SPENCER durch zig Filme der 70er- und 80er-Jahre prügelte, schloss er 1957 nach sechs Semestern sein Jura-Studium ab. Wahrscheinlich wollte er die Möglichkeit haben, sich vor Gericht selbst zu verteidigen – bei 32 468 Anklagen wegen Körperverletzung.

Wiederholen ist die Mutter des Studierens.
Repetito est mater studiorum.

Lateinisches Sprichwort

Wiederholen ist die Mutter des Studierens.
Repetito est mater studiorum.

Lateinisches Sprichwort

SCHNELLER, HÖHER, WEITER

Das Wort „studieren“ kommt aus dem Lateinischen und bedeutet „sich bemühen“. Und wo sich viele Menschen bemühen, kommt es immer wieder zu Höchstleistungen und Rekorden. Egal, in welcher Disziplin du punktest – ob die besten Noten oder die meisten leeren Pizzakartons –, Hauptsache, du bist vorne mit dabei.

HIER EIN PAAR UNI-REKORDE, DIE ES ZU KNACKEN GILT:

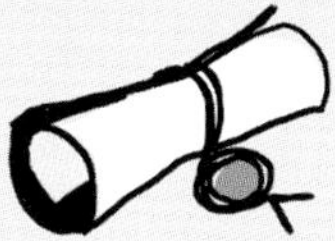

REKORD – 100 SEMESTER STUDIUM

Langzeit-Studenten aufgepasst!
Du bist seit 20 Semestern an der Uni und hast immer noch keinen Abschluss? Ein schlechtes Gewissen brauchst du deswegen nicht zu haben. Ein Student an der Universität Kiel brachte es auf mehr als 100 Semester. Nach 58 Jahren Medizinstudium war sein erster Patient vermutlich – er selbst.

REKORD – DIE TEUERSTE UNI

Studieren ist teuer – vor allem in Amerika. Die teuerste Uni der Welt, das Sarah Lawrence College in Bronxville, New York, verlangt jährlich über 60 000 US-Dollar Studiengebühr. Um diese Summe zu finanzieren, sollten die Studierenden besonders lukrative Nebenjobs anstreben. Das Motto lautet:
nicht Taxi-, sondern Formel-1-Fahrer.

REKORD – DIE MEISTEN DOKTORTITEL

Kennst du Prof. Prof. h. c. Dr. med. Dr. h. c. Dr. h. c. Dr. h. c. Dr. h. c. Dr. h. c. Roland Hetzer? Das ist der ehemalige Chef des Deutschen Herzzentrums in Berlin – und der einzige Akademiker, dessen Visitenkarte nur auf eine Rolle Klopapier passt. Getoppt wird er aber noch vom US-Theologen Theodore Hesburgh: Er hat 150 Ehrendoktorwürden. Dass es auch knapper geht, beweist ein Allgemeinmediziner aus Plüderhausen. Der heißt einfach Dr. Arzt.

REKORD – DIE KÜRZESTE DOKTORARBEIT

Die Dissertation einer Studentin aus Münster umfasste 2006 gerade mal drei Seiten. Ihr Thema: „Naturmedizin gegen Impotenz im mittelalterlichen Persien“. Interessant, dass ausgerechnet eine Arbeit zum Thema Impotenz beweist: Es kommt nicht auf die Länge an.

Die einzige Möglichkeit, etwas vom Leben zu haben, ist, sich mit aller Macht hineinzustürzen.

Angelina Jolie (*1975), US-amerikanische Schauspielerin und Regisseurin

DIE BESTEN SEMESTER DEINES LEBENS

EGAL, WAS, WO, WIE UND WIE LANGE DU STUDIERST:

Genieße die Zeit! Denn sie ist die beste deines Lebens.
Lass deiner Neugier freien Lauf und nutze deine Freiheiten.
Lernen kannst du überall: in Hörsälen und Clubs,
in Bibliotheken und Kneipen, auf Wiesen, in der Bahn,
im Bett … Und freu dich darauf, dass dein Studium mehr
ist als das Anhäufen von Fachwissen. Denn egal,
was auf deiner Immatrikulationsbescheinigung steht:
Dein eigentliches Hauptfach, in dem du in den nächsten Jahren
am meisten lernen und zur Koryphäe wirst, heißt „LEBEN".

SO, JETZT ABER SCHNELL DAS BUCH ZUKLAPPEN –
MORGEN FRÜH UM 9 IST VORLESUNG.

In einigen Fällen war es nicht möglich, für den Abdruck der Texte die Rechteinhaber zu ermitteln. Honoraransprüche der Autoren, Verlage und ihrer Rechtsnachfolger bleiben gewahrt.

Text: Paulus Vennebusch, Mitarbeit: Ralf Betz
Covergestaltung: arsEdition GmbH
Illustration und grafische Gestaltung Innenteil: Franziska Misselwitz
ISBN 978-3-8458-2100-9
1. Auflage

www.arsedition.de

FSC
www.fsc.org
MIX
Papier aus verantwortungsvollen Quellen
FSC® C120704